DIE REISE EINES JUNGEN PROGRAMMIERERS MIT PYTHON

Die Grundlagen und mehr meistern mit Spaß, Spielen und interaktiven Projekten

JORDAN PYCROFT

Inhalt

1. Programmieren lernen 3
2. Berechnungen 7
3. Variablen und Zeichenfolgen 12
4. Listen und Wörterbücher 17
5. Tupel und Schleifen 23
6. Entscheidungen treffen 29
7. Funktionen 35
8. Module und das IDLE 40
9. Weitere GUIs 44
10. Animation 48
11. Spieleprogrammierung: Pong 51
12. Spieleprogrammierung: Bob! 54
13. Spieleprogrammierung: Mr. Stick Man rast zum Ausgang 57
60 nutzen...
15. Nächste Schritte 64
16. Schlussfolgerung 70

1. Programmieren lernen

1.1 Warum Python?

Einführung in Python: Erklärung, was Python ist und warum es eine gute Wahl für Anfänger ist.

Die Bedeutung von Python: Gespräch über die breite Anwendung von Python und seine Anwendungen in verschiedenen Bereichen.

Einfaches Lernen: Gründe, warum Python als eine einfach zu erlernende Sprache gilt, insbesondere für junge Menschen.

1.2 Python erhalten

Python herunterladen: Schritt-für-Schritt-Anleitung zum Herunterladen von Python von der offiziellen Site.

Installation: Anleitung zur Installation von Python auf verschiedenen Betriebssystemen (Windows, macOS, Linux).

Installation bestätigen: So überprüfen Sie, ob Python korrekt auf Ihrem PC installiert wurde.

1.3 Einrichten

Coordinated Development Environment (IDE): Einführung in Sit, die integrierte Python-IDE.

Inactive verwenden: Grundlegende Anleitung zum Starten und Verwenden von Inactive zum Schreiben und Ausführen von Python-Programmen.

So erstellen Sie Ihr einprägsamstes Programm: Richtlinien zum Erstellen und Ausführen eines einfachen „Hallo Welt!"-Programms.

1.4 Erstellen eines Programms

Code verstehen: Erläuterung der Funktionsweise eines Programms und der Bedeutung des Schreibens von Code.

Grundlegende Zeichensetzung: Einführung in die Satzstruktur von

Python, einschließlich Leerzeichen und Anmerkungen.

Modellprogramm: Anleitung zum Erstellen eines detaillierteren Programms mit klaren Erläuterungen zu jedem Schritt.

1.5 Fehlerbehebung

Fehler auf der Spur: So erkennen und verstehen Sie häufige Fehler im Python-Code.

Beheben von Fehlern: Verfahren und Techniken zum Beheben von Fehlern und Untersuchen von Programmen.

Arbeiten Sie an der Fehlerbehebung: Aktivitäten zum Auffinden und Beheben von Fehlern in Beispielprogrammen.

1.6 Zusammenfassung

Zusammenfassung: Zusammenfassung der im Abschnitt behandelten zentralen Themen.

Was kommt als Nächstes: Kurzer Überblick darüber, was im nächsten Teil behandelt wird, und Hilfestellung zum Weiterüben.

Diese Aufschlüsselung gibt einen vollständigen Überblick über den ersten Teil und legt die Grundlage für Jugendliche, um mit dem Erlernen der Python-Programmierung zu beginnen.

2. Berechnungen
2.1 Mathematische Operatoren

Einführung in Mathematikadministratoren: Erläuterung der grundlegenden mathematischen Administratoren, die in Python verfügbar sind (Expansion, Deduktion, Addition und Division).

+ (Erweiterung)
- (Abzug)
* (Erweiterung)
/ (Aufteilung)
// (Bodeneinteilung)
% (Modul)
** (Potenzierung)

Anforderung von Aufgaben: Präsizierung der Anforderung, in der Aktivitäten in Python ausgeführt werden (PEMDAS/BODMAS-Regeln).

Modelle: Einfache Anleitungen zur Darstellung der Verwendung jedes Nummernadministrators.

Praxisaufgaben: Aktivitäten für Jugendliche zum Einbeziehen von Mathematikadministratoren in Python.

2.2 Das Numerikmodul

Prolog zum Numerischen Modul: Überblick über das Zahlenmodul und seine Bedeutung für die Durchführung fortgeschrittener numerischer Schätzungen.

Einbinden des zahlenbezogenen Moduls: So importieren Sie das numerische Modul mithilfe von Import Math.

Normale Fähigkeiten:

math.sqrt(x): Quadratbasis von x.

math.sin(x), math.cos(x), math.tan(x): Geometrische Fähigkeiten.

math.pi: Der Wert von π.

math.e: Der Wert von e (Eulers Zahl).

math.log(x): Normaler Logarithmus von x.

math.exp(x): Bemerkenswert von x.

Modelle: Bestimmte Beispiele für die Nutzung von Funktionen des zahlenbezogenen Moduls.

Praxisaufgaben: Aktivitäten zum Erarbeiten der Nutzungsmöglichkeiten des Zahlenmoduls.

2.3 Unregelmäßige Zahlen

Prolog zu beliebigen Zahlen: Erläuterung der Idee unregelmäßiger Zahlen und ihrer Zwecke in der Programmierung.

Das beliebige Modul: Übersicht über das unregelmäßige Modul und seine Fähigkeiten.

Normale Fähigkeiten:

random.randint(a, b): Erzeugt eine unregelmäßige Zahl zwischen an und b (umfassend).

random.random(): Erstellen Sie einen unregelmäßigen Float irgendwo im Bereich zwischen 0,0 und 1,0.

random.choice(Sequenz): Wählen Sie eine unregelmäßige Komponente aus einer nicht leeren Gruppierung.

random.shuffle(Sequenz): Mischen Sie die Komponenten einer Abfolge.

Modelle: Grundlegende Beispiele für die Erstellung und Einbindung beliebiger Zahlen in Programme.

Praxisaufgaben: Übungen zur Erzeugung beliebiger Zahlen und deren Einbindung in Programme.

2.4 Zusammenfassung

Zusammenfassung:

Zusammenfassung der im Abschnitt behandelten zentralen Themen, einschließlich Mathematikadministratoren, dem numerischen Modul und der Erstellung beliebiger Zahlen.

Auditfragen: Fragen zum Testen des Verständnisses der erfüllten Teile.

Was kommt als Nächstes: Eine Überprüfung des folgenden Abschnitts, die eine weitere Untersuchung und Praxis der Python-Programmierkonzepte ermöglicht.

Diese detaillierte Aufschlüsselung bietet eine klare und übersichtliche Anleitung für den nächsten Abschnitt, der sich auf grundlegendes Zahlenjonglieren und mathematische Konzepte in Python konzentriert.

3. Variablen und Zeichenfolgen
3.1 Faktoren
Prolog zu Faktoren:

Definition: Klärung, was Faktoren sind und warum sie in der Programmierung von Bedeutung sind.

Benennungsfaktoren: Regeln für Benennungsfaktoren (z. B. keine Leerzeichen, darf nicht mit einer Zahl beginnen, Verwendung von Hervorhebungen).

Aufgabe: So weisen Sie Faktoren mithilfe des =-Administrators Werte zu.

Modelle: Grundlegende Anleitungen zur Darstellung unterschiedlicher Aufgaben und Einsatzmöglichkeiten.

Informationstypen:

Ganze Zahlen und Gleitkommazahlen: Erläuterung der numerischen Informationstypen (ganze Zahlen und Gleitkommazahlen) und ihrer Unterschiede.

Boolesche Werte: Einführung in den Booleschen Informationstyp mit den Eigenschaften „Gültig" und „Falsch".

Typtransformation: So wechseln Sie zwischen verschiedenen Informationstypen mithilfe von Funktionen wie int(), float() und str().

<u>Variable Erweiterung:</u>

Globale versus lokale Faktoren: Erläuterung des Ausmaßes der Faktoren und des Unterschieds zwischen globalen und lokalen Faktoren.

Praxisaufgaben: Übungen zum Erstellen, Verteilen und Nutzen von Faktoren.

3.2 Arbeiten mit Strings
Prolog zu Streichern:

Definition: Klärung, was Strings (Zeichenfolgen) sind und welche Bedeutung sie in der Programmierung haben.

Erstellen von Zeichenfolgen: So erstellen Sie Zeichenfolgen mithilfe von Einzel-, Doppel- und Dreifachanweisungen.

Drucken von Zeichenfolgen: Verwenden der print()-Funktion zum Anzeigen von Zeichenfolgen.

String-Aktivitäten:

Verbindung: So konsolidieren Sie Zeichenfolgen mithilfe des +- Administrators.

Redundanz: So wiederholen Sie Zeichenfolgen mithilfe des *-Administrators.

Ordnen und Ausschneiden: Zugriff auf einzelne Zeichen und Teilzeichenfolgen durch Ordnen und Ausschneiden.

<u>Saitentechniken:</u>

Normale Techniken: Übersicht über nützliche String-Strategien, z. B. len(), upper(), lower(), strip(), split() und join().

Modelle: Illustrative Beispiele für die Verwendung von String-Strategien zur Steuerung und Untersuchung von Strings.

Geh weg von den Charakteren:

Präsentation: Erläuterung von Abschiedszeichen (zB \n für Newline, \t für Tabulator) und deren Verwendung in Strings.

Gestaltung von Saiten:

Altes Design: Verwenden des %-Administrators zur String-Anordnung.

Neuer Trend beim Organisieren: Verwenden der Methode „configuration()" und von F-Strings für eine flexiblere und übersichtlichere String-Organisation.

Praxisaufgaben: Aktivitäten zum Erstellen, Steuern und Organisieren von Zeichenfolgen.

3.3 Zusammenfassung

Gliederung: Zusammenfassung der zentralen Themen des Abschnitts, einschließlich Faktoren, Informationstypen und String-Aktivitäten.

Prüfungsfragen: Fragen zum Testen des Verständnisses des Abschnittsinhalts.

Was kommt als Nächstes: Eine Überprüfung des folgenden Abschnitts, die eine weitere Untersuchung und Praxis der Python-Programmierkonzepte ermöglicht.

Diese Schritt-für-Punkt-Aufschlüsselung bietet eine klare und strukturierte Anleitung für den dritten Abschnitt und konzentriert sich auf die grundlegenden Konzepte im Zusammenhang mit

Faktoren und Zeichenfolgen in Python.

4. Listen und Wörterbücher
4.1 Aufzeichnungen
Prolog zu den Aufzeichnungen:

Definition: Klärung, was Datensätze sind und welche Bedeutung sie in der Programmierung haben.
Erstellen von Datensätzen: So erstellen Sie Datensätze unter Verwendung quadratischer Abschnitte, z. B. my_list = [1, 2, 3, 4].
Zugriff auf Komponenten: So greifen Sie mithilfe der Sortierung auf einzelne Komponenten in einer Liste zu.

Aufgaben auflisten:

Komponenten hinzufügen: So fügen Sie einer Liste mit den Methoden add(), embed() und broaden() Komponenten hinzu.
Komponenten entfernen: So entfernen Sie Komponenten aus

einer Liste mithilfe von remove(), pop() und del.

Ausschneiden von Datensätzen: So stellen Sie einen Teil einer Liste durch Ausschneiden wieder her, z. B. my_list[1:3].

Listenlänge: Verwenden der Funktion len(), um die Anzahl der Elemente in einer Liste zu ermitteln.

Listenverknüpfung und Wiederholung: Konsolidieren von Datensätzen mit + Administrator und Wiederholen von Datensätzen mit * Administrator.

Listentechniken:

Normale Techniken: Übersicht über hilfreiche Rundown-Strategien wie sort(), converse() und file().

Modelle: Illustrative Beispiele für die Verwendung von Listentechniken zur Verwaltung

und Aufschlüsselung von Datensätzen.
Erledigte Unterlagen:

Definition: Erläuterung festgelegter Datensätze (Datensätze innerhalb von Datensätzen) und wie auf Komponenten in festgelegten Datensätzen zugegriffen werden kann.
Praxisprobleme: Aktivitäten zum Erstellen, Kontrollieren und Verwenden von Aufzeichnungen.

4.2 Wortverweise
Prolog zu Word-Referenzen:
Definition: Erläuterung, was Wortreferenzen sind (Sammlungen von Schlüsselwertübereinstimmungen) und welche Bedeutung sie in der Programmierung haben.

Erstellen von Wortverweisen: So erstellen Sie Wortverweise unter Verwendung wellenförmiger Unterstützungen, z. B. my_dict = {'name': 'Alice', 'age': 10}.

Zu Werten gelangen: So gelangen Sie mithilfe von Schlüsseln zu Werten in einer Wortreferenz.

Wortreferenz Aktivitäten:

Hinzufügen und Aktualisieren von Komponenten: So fügen Sie in einer Wortreferenz neue Schlüsselwertkoordinaten hinzu und aktualisieren vorhandene.

Eliminieren von Elementen: So eliminieren Sie Schlüsselwertübereinstimmungen aus einer Wortreferenz mithilfe von del und pop().

Nach Schlüsseln suchen: So prüfen Sie, ob in einer Wortreferenz mithilfe des Schlüsselworts „in" ein Schlüsselwort vorhanden ist.

Wortreferenzstrategien:
Normale Strategien: Übersicht über hilfreiche Wortreferenztechniken wie keys(), values() und things().
Modelle: Bestimmte Beispiele für die Verwendung von Wortreferenztechniken zur Steuerung und Untersuchung von Wortreferenzen.
Festgelegte Word-Referenzen:
Definition: Erläuterung festgelegter Wortverweise (Wortverweise innerhalb von Wortverweisen) und wie man zu Komponenten in festgelegten Wortverweisen gelangt.
Übungsaufgaben: Aktivitäten zum Erstellen, Kontrollieren und Verwenden von Wortbezügen.

4.3 Zusammenfassung

Inhaltsangabe: Zusammenfassung der im Teil behandelten zentralen Themen, einschließlich

Aufzeichnungen, Listenaktivitäten, Wortverweise und Wortverweisaufgaben.

Umfragefragen: Fragen zum Testen des Verständnisses des Abschnittsinhalts.

Was kommt als Nächstes: Ein Blick auf den nächsten Abschnitt, der eine weitere Untersuchung und Anwendung von Python-Programmierkonzepten fördert.

Diese detaillierte Aufschlüsselung bietet eine praktische und strukturierte Anleitung für den vierten Abschnitt und konzentriert sich auf grundlegende Konzepte im Zusammenhang mit Datensätzen und Wortreferenzen in Python.

5. Tupel und Schleifen
5.1 Tupel
Prolog zu Tupeln:
Definition: Klärung, was Tupel sind und welche Eigenschaften sie haben (unveränderliche Gruppierungen von Komponenten).

Erstellen von Tupeln: So erstellen Sie Tupel unter Verwendung von Klammern, z. B. my_tuple = (1, 2, 3).

Zu den Komponenten gelangen: So gelangen Sie unter Verwendung der Sortierung zu den einzelnen Komponenten in einem Tupel.

Tupelaktivitäten:
Unveränderliche Natur: Klärung der Dauerhaftigkeit und wie sich Tupel von Datensätzen unterscheiden.

Verbindung und Redundanz: Konsolidieren von Tupeln mit dem +-Administrator und erneutes Hashen von Tupeln mit dem *-Administrator.

Tupelstrategien: Übersicht über Techniken, die mit Tupeln verwendet werden können, wie count() und file().

Verwenden von Tupeln:

Tupel-Entladen: So werden Tupelkomponenten in einer einzelnen Anweisung an Faktoren verteilt, z. B. a, b, c = mein_Tupel.

Rückgabe mehrerer Qualitäten: Verwenden von Tupeln, um verschiedene Qualitäten aus einer Funktion zurückzugeben.

Übungsaufgaben: Aktivitäten zum Erstellen, Erreichen und Verwenden von Tupeln.

5.2 Für Kreise

Prolog zu For Circles:

Definition: Klärung, was Vierkreise sind und welcher Zweck sie in der Programmierung haben (Hervorhebung über eine Abfolge).

Sprachstruktur: Grundlegende Zeichensetzung für einen Kreis, zB für etwas in einer Gruppierung:.
Einbeziehung für Kreise:
Wiederholen über Datensätze hinweg: Verwendung von Kreisen zum Hervorheben von Elementen in einer Liste.
Wiederholen über Zeichenfolgen: So verwenden Sie Kreise, um Zeichen in einer Zeichenfolge hervorzuheben.
Bereichsfunktion: Verwenden der reach()-Funktion, um eine Zahlengruppierung für den Zyklus zu erstellen.
Für Kreise entschieden:
Definition: Erläuterung und Fälle von „für Kreise festgelegt" (für Kreise innerhalb von Kreisen).
Kreiskontroll-Artikulationen:

Pause: So verlassen Sie einen Kreis vorzeitig mithilfe der Pausen-Anweisung.

Fortfahren: So überspringen Sie den aktuellen Zyklus und fahren mit dem nächsten fort, indem Sie die Anweisung „Fortfahren" verwenden.

Übungsaufgaben: Übungen zur Arbeit an der Komposition und Nutzung von Kreisen.

5.3 Während Kreise

Prolog zu „Weiße Kreise":

Definition: Erläuterung, was „Währungskreise" sind und welcher Zweck sie in der Programmierung haben (das Wiederholen eines Codeblocks bis zu einem bestimmten Punkt ist zulässig).

Zeichensetzung: Wesentliche Satzstruktur eines Zeitkreises, z. B. „while"-Bedingung:.

Weiße Kreise verwenden:

Bedingungsprüfung: So formulieren Sie Bedingungen für While-Kreise.

Endlose Kreise: Erläuterung grenzenloser Kreise und wie man sie vermeidet.

Weiße Kreise steuern:

Pause: So verlassen Sie mithilfe der Pausen-Ankündigung vorzeitig einen Zeitkreis.

Weiter: So vermeiden Sie den aktuellen Schwerpunkt und gelangen mit der Anweisung „Weiter" zum nächsten.

Sentinel-Werte:

Definition: Erläuterung von Sentinel-Werten und wie diese zur Steuerung der Ausführung von While-Kreisen verwendet werden.

Übungsaufgaben: Aktivitäten zum Arbeiten an der Komposition und zur Nutzung weißer Kreise.

5.4 Zusammenfassung

Zusammenfassung:
Zusammenfassung der zentralen Themen des Abschnitts, einschließlich Tupel, für Kreise und unter Berücksichtigung von Kreisen.

Umfragefragen: Fragen zum Testen des Verständnisses des Abschnittsinhalts.

Was kommt als Nächstes: Eine Überprüfung des folgenden Teils, die eine weitere Untersuchung und Praxis der Python-Programmierkonzepte fördert.

Diese detaillierte Aufschlüsselung bietet eine klare und strukturierte Anleitung für den fünften Abschnitt und konzentriert sich auf die grundlegenden Konzepte im Zusammenhang mit Tupeln und Kreisen in Python.

6. Entscheidungen treffen
6.1 If-Anweisungen
Prolog zu If-Artikulationen:

Definition: Erläuterung des Szenarios, in dem Erklärungen vorkommen und deren Bedeutung in der Programmierung (Treffen von Entscheidungen auf der Grundlage von Bedingungen).

Zeichensetzung: Wesentliche linguistische Struktur einer if-Formulierung, z. B. if-Bedingung: gefolgt von einem eingerückten Codeblock.

Verwenden von If-Erklärungen:

Einfache If-Anweisungen: Beispiele für einfache If-Anweisungen, die Code auf der Grundlage einer einzelnen Bedingung ausführen.

If-Else-Erklärungen: So verwenden Sie If-Else-Anweisungen, um einen Codeblock auszuführen, wenn eine Bedingung erfüllt ist, und einen anderen Block, wenn die Bedingung nicht erfüllt ist.

If-Elif-Else-Erklärungen: So nutzen Sie If-Elif-Else-Anweisungen zur Behandlung verschiedener Umstände.

Erklärungen zu „Setled If":

Definition: Erläuterungen und Beispiele festgelegter if-Erklärungen (if-Ausdrücke innerhalb von if-Anweisungen).

Übungsaufgaben: Übungen zur Arbeit an der Komposition und der Nutzung von if-Aussagen.

6.2 Kontrastierende Dinge

Prüfungsadministratoren:

Präsentation: Erläuterung der von Prüfungsadministratoren verwendeten Werte zum Betrachten.

Administratoren:

==: Äquivalent zu

!=: Nicht gleichwertig mit

<: Nicht genau
>: Auffälliger als
<=: Nicht genau oder gleichwertig mit
>=: Auffälliger als oder gleichwertig mit
Modelle: Grundlegende Anleitungen zur Darstellung der Verwendung jedes Korrelationsadministrators.
Boolesche Artikulationen:
Definition: Erläuterung von Booleschen Ausdrücken und deren Rolle in if-Anweisungen.
Beitrittsbedingungen: Wie Sie mithilfe intelligenter Administratoren verschiedene Umstände konsolidieren (und, oder, nicht).
Modelle: Beispiele für die Einbeziehung konsolidierter Bedingungen in if-Erklärungen.

Übungsaufgaben: Übungen zum Einsatz von Korrelationsmanagern und Booleschen Ausdrücken.

6.3 Intelligente Administratoren

Prolog zu Intelligenten Administratoren:

Definition: Klärung der rechtlichen Rahmenbedingungen und ihrer Bedeutung bei der Verfolgung komplexer Entscheidungen.

Administratoren:

und außerdem: Gibt „Valid" zurück, vorausgesetzt, dass beide Umstände erfüllt sind.

oder: Gibt „Valid" zurück, wenn mindestens eine Bedingung erfüllt ist.

not: Gibt „Valid" zurück, falls die Bedingung falsch ist.

Modelle: Beispiele für die Einbindung vernünftiger Administratoren in IF-Erklärungen zur Konsolidierung unterschiedlicher Umstände.

Behindern:

Definition: Erläuterung der Short-Out-Bewertung und wie legitime Administratoren Artikulationen von links nach rechts bewerten.

Modelle: Konkrete Modelle, die zeigen, wie ein Wäschekorb funktioniert.

Praxisprobleme: Aktivitäten zur Einbindung konsistenter Administratoren in die Navigation.

6.4 Zusammenfassung

Zusammenfassung:

Zusammenfassung der zentralen Themen des Abschnitts, einschließlich Aussagen, Prüfungsleiter und Rechtsleiter.

Umfragefragen: Fragen zum Testen des Verständnisses der erfüllten Teile.

Was kommt als Nächstes: Ein Blick auf den nächsten Abschnitt, der eine weitere Untersuchung und Anwendung von Python-Programmierkonzepten ermöglicht. Diese detaillierte Analyse bietet eine praktische und strukturierte Anleitung für den sechsten Abschnitt und konzentriert sich auf grundlegende Konzepte im Zusammenhang mit der Entscheidungsfindung in Python unter Verwendung von if-Anweisungen und funktionalen Administratoren.

7. Funktionen
7.1 Funktionen definieren
Prolog zu den Fähigkeiten:

Definition: Erläuterung, was Funktionen sind und warum sie in der Programmierung wichtig sind (wiederverwendbare Codeblöcke, die eine bestimmte Aufgabe ausführen).

Zeichensetzung: Grundlegende linguistische Struktur zur Beschreibung einer Funktion unter Verwendung des Def-Schlüsselworts, z. B. def my_function():.

Raum: Bedeutung des Raums bei der Charakterisierung des Körpers der Fähigkeit.

Möglichkeiten der Herstellung:

Modelle: Einfache Beispiele für Charakterisierungs- und Aufruffunktionen.

Fähigkeitsnamen: Regeln für die Benennung von Fähigkeiten (müssen verbindlich sein, darf nicht mit einer Zahl beginnen, keine Leerzeichen).

Anruffunktionen:

Beschwörung: So rufen Sie eine Funktion auf, um ihren Code auszuführen.

Modelle: Illustrative Beispiele für Aufruffunktionen in einem Programm.

Praxisaufgaben: Übungen zum Charakterisieren und Benennen von Fähigkeiten.

7.2 Grenzen und Konflikte

Prolog zu Grenzen:

Definition: Klärung von Grenzen (Faktoren, die eine Fähigkeit beim Aufruf erkennt).

Zeichensetzung: So charakterisieren Sie Grenzen in

einer Fähigkeitsdefinition, z. B. def my_function(param1, param2):.

Bestehen der Auseinandersetzungen:

Definition: Klärung von Konflikten (Werte werden beim Aufruf an die Fähigkeitsgrenzen übergeben).

Modelle: Einfache Beispiele für die Übergabe verschiedener Arten von Konflikten an Funktionen.

Standardgrenzen:

Definition: Erläuterung der Standardgrenzen und wie Standardwerte für Grenzen in Fähigkeitsdefinitionen festgelegt werden.

Modelle: Modelle, die die Nutzung von Standardgrenzen zeigen.

Schlagwortkonflikte:

Definition: Erläuterung von Schlüsselwortkonflikten und wie diese genutzt werden können, um verständlichere Entscheidungen über Fähigkeiten zu treffen.

Modelle: Modelle, die die Nutzung von Schlüsselwortkonflikten zeigen.

Praxisprobleme: Aktivitäten zum Erarbeiten der Charakterisierung von Fähigkeiten mit Grenzen und zum Benennen dieser mit Konflikten.

7.3 Werte zurückbringen

Prolog zu „Werte zurückbringen":

Definition: Erläuterung der Rückgabewerte und wie man mithilfe der Bring-Anweisung ein Ergebnis zurückgeben kann.

Zeichensetzung: Grundlegende sprachliche Struktur der Rückrede, z. B. „bring esteem back".

Bring Values zurück nutzen:

Modelle: Einfache Beispiele für Fähigkeiten, die Werte zurückbringen.

Verschiedene Rückgabewerte: So geben Sie mithilfe von Tupeln unterschiedliche Werte aus einer Funktion zurück.

Modelle: Modelle, die zahlreiche Eigenschaften aus Fähigkeiten wiedergeben.

Praxisprobleme: Aktivitäten zum Erarbeiten von

Kompositionsfähigkeiten, die Werte zurückbringen.

7.4 Zusammenfassung

Zusammenfassung:
Zusammenfassung der im Abschnitt behandelten zentralen Themen, einschließlich der Charakterisierung von Fähigkeiten, der Nutzung von Grenzen und Konflikten und der Wiederherstellung von Werten.

Auditfragen: Fragen zum Testen des Verständnisses der erfüllten Teile.

Was kommt als Nächstes: Ein Blick auf den nächsten Abschnitt, der eine weitere Untersuchung und Anwendung von Python-Programmierkonzepten ermöglicht.

Diese detaillierte Aufschlüsselung bietet eine klare und strukturierte Anleitung für den siebten Teil, wobei der Schwerpunkt auf den grundlegenden Konzepten im Zusammenhang mit den Funktionen in Python liegt.

8. Module und das IDLE
8.1 Module importieren
Prolog zu den Modulen:

Definition: Klärung, was Module sind und welche Bedeutung sie in der Python-Programmierung haben (vorgefertigter Code, der wiederverwendet werden kann).

Standardbibliothek: Übersicht über die Python-Standardbibliothek und ihre Module.

Einbringen von Modulen:

Interpunktion: So importieren Sie Module mithilfe der Importaussage, z. B. „import math".

Modelle: Entscheidende Fälle für die Einbindung und Einbindung von Modulen in ein Programm.

<u>Nutzung der Modulfunktionen:</u>

Dab-Dokumentation: So greifen Sie mithilfe der Spot-Dokumentation, z. B. math.sqrt(), auf Funktionen und Faktoren aus importierten Modulen zu.

Namespace: Erläuterung von Namespaces und wie diese Namenskonflikte bei der Verwendung von Modulen verhindern.

8.2 Inaktive

Prolog zum Sitzen:

Definition: Klärung von Inaktiv (Integriertes Verbesserungs- und Lernklima) und seinen Elementen.

Inactive starten: So starten Sie Inactive über die Bestellzeile oder die Python-Installation.

Inaktive Elemente:

Intelligent Shell: Erläuterung der intelligenten Shell. Außer Betrieb für die intuitive Ausführung von Python-Code.

Textverarbeitung: Überblick über den integrierten Texteditor. Ausgestattet mit der Software zum

Erstellen und Ändern von Python-Skripten.

Debugger: Prolog zum Debugger. Außerhalb der Ausrüstung zur Fehlerbehebung bei Python-Code.

Inaktive Nutzung:

Code verfassen: So verfassen und führen Sie Python-Code im inaktiven Klima aus.

Speichern und Öffnen von Dokumenten: So speichern Sie Python-Skripte und öffnen vorhandene Datensätze.

Ausführen von Inhalten: So führen Sie Python-Skripte innerhalb von Inactive aus.

Übungsaktivitäten: Aktivitäten zum Bearbeiten von Inactive zum Erstellen und Ausführen von Python-Code.

8.3 Zusammenfassung

Zusammenfassung: Zusammenfassung der im Abschnitt

behandelten zentralen Themen, einschließlich der Einbindung von Modulen und der Nutzung des Inaktiven.

Auditfragen: Fragen zum Testen des Verständnisses der erfüllten Teile.

Was kommt als Nächstes: Eine Überprüfung des folgenden Teils, die eine weitere Untersuchung und Praxis der Python-Programmierkonzepte fördert.

Diese Schritt-für-Punkt-Aufschlüsselung bietet eine klare und strukturierte Anleitung für den achten Teil und konzentriert sich auf die grundlegenden Konzepte im Zusammenhang mit Modulen und dem Inactive in Python.

9. Mehr GUIs
9.1 Verwenden von tkinter
Prolog zu tkinter:

Definition: Erläuterung von tkinter, einer Standard-Python-Bibliothek zum Erstellen grafischer Benutzeroberflächen (GUIs).

Highlights: Übersicht über die Elemente und Funktionen von Tkinter zum Erstellen von GUI-Anwendungen.

Einrichten von tkinter:

Tkinter einbinden: So importieren Sie das Tkinter-Modul in ein Python-Skript.

Erstellen eines GUI-Fensters: Schritte zum Erstellen eines grundlegenden GUI-Fensters mit Tkinter.

Gadgets in tkinter:

Normale Gadgets: Einführung in normale Tkinter-Gadgets, z. B.

Namen, Schaltflächen, Eingabefelder und Textbereiche.

Gadgets hinzufügen: So fügen Sie einem Tkinter-Fenster Gadgets hinzu und orchestrieren sie mithilfe von Design-Managern (Paket, Netzwerk, Ort).

9.2 Gadgets herstellen

Gadgets herstellen:

Namen: So erstellen und zeigen Sie Textmarkierungen in einem Tkinter-Fenster an.

Schaltflächen: So erstellen Sie interaktive Schaltflächen mit Gelegenheits-Controllern in Tkinter.

Abschnittsfelder: So erstellen Sie Eingabefelder, in die Kunden Text oder Informationen eingeben können.

Textbereiche: So erstellen Sie mehrzeilige Textbereiche zum Anzeigen oder Eingeben längerer Texte.

Kontrollkästchen und Optionsfelder: So erstellen Sie Kontrollkästchen und Optionsfelder zum Auswählen von Optionen.

Menüs: So erstellen Sie Menüs und Menüleisten zur Koordinierung von Bestellungen und Auswahlmöglichkeiten.

9.3 Erstellen einer einfachen GUI

Erstellen einer einfachen GUI-Anwendung:

Modellanwendung: Anleitung zum Erstellen einer einfachen GUI-Anwendung mit Tkinter.

Planung des Interaktionspunkts: Anordnen und Planen des Designs und der Gadgets für die Anwendung.

Nützlichkeit hinzufügen: Erstellen von Python-Code, um der GUI-Anwendung Nützlichkeit hinzuzufügen.

9.4 Zusammenfassung

Zusammenfassung:

Zusammenfassung der zentralen Themen dieses Abschnitts, einschließlich der Verwendung von Tkinter zum Erstellen von GUIs und der Entwicklung einer einfachen GUI-Anwendung.

Umfragefragen: Fragen zum Testen des Verständnisses der erfüllten Teile.

Was kommt als Nächstes: Ein Blick auf den nächsten Abschnitt, der eine weitere Untersuchung und Anwendung von Python-Programmierkonzepten fördert.

Diese detaillierte Aufschlüsselung bietet eine klare und übersichtliche Anleitung für den 10. Abschnitt, der sich auf die Erstellung grafischer Benutzeroberflächen (GUIs) mit Tkinter in Python konzentriert.

10. Animation

10.1 Essenzielle Lebendigkeit

Prolog zur Lebendigkeit:

Definition: Erläuterung der Lebendigkeit und ihrer Bedeutung bei der Erstellung intelligenter Projekte.

Material: Gliederung des Material-Gadgets in Tkinter zum Zeichnen von Formen und Lebendigkeit.

Lebendigkeit erzeugen:

Verwenden der After-Strategie von Tkinter: So erstellen Sie Animationskreise mit der After-Technik von Tkinter zum Planen von Ereignissen.

Auffrischen des Materials: So frischt man das Material auf, um energetisierende Effekte zu erzielen.

10.2 Klassen verwenden

Prolog zum Unterricht:

Definition: Erläuterung von Klassen und Elementen in Python und ihrer Rolle bei der Koordination von Code.

Erstellen einer Animationsklasse: Schritte zum Erstellen einer Klasse zum Verwalten von Animationen in Tkinter.

Belebende Artikel:

Bewegen von Elementen: So bewegen Sie Objekte (z. B. Formen) mithilfe von Aktivität über das Material.

Sich entwickelnde Eigenschaften: Belebende Änderungen der Objekteigenschaften (z. B. Vielfalt, Größe) im Laufe der Zeit.

10.3 Zusammenfassung

Zusammenfassung:

Zusammenfassung der wichtigsten Themen des Abschnitts, einschließlich grundlegender

Animationsverfahren und Einbeziehungskurse für Animation.

Umfragefragen: Fragen zum Testen des Verständnisses des Abschnittsinhalts.

Was kommt als Nächstes: Ein Blick auf den nächsten Abschnitt, der eine weitere Untersuchung und Anwendung von Python-Programmierkonzepten ermöglicht.

Diese detaillierte Aufschlüsselung bietet ein klares und übersichtliches Handbuch für die 10. Klasse. Der Schwerpunkt liegt auf der Erstellung von Aktionen mit Tkinter in Python, einschließlich grundlegender Animationstechniken und der Einbindung von Klassen zur Verwaltung von Animationsobjekten.

11. Spielprogrammierung: Pong
11.1 Einrichten
Prolog zu Pong:

Definition: Erläuterung von Pong, einem klassischen Arcade-Spiel, und seiner grundlegenden Spielmechanik.

Spielplanung:

Anordnen: Anordnen des Designs und der Komponenten des Pong-Spiels.

Material: Vorbereiten des Materials zum Zeichnen der Spielkomponenten.

11.2 Das Ruder ziehen
Herstellung des Ruders:

Verwenden von Tkinter: Zeichnen des Ruders mithilfe des Material-Tools von Tkinter.

Positionierung des Ruders: Das Ruder in die richtige Position auf dem Material bringen.

11.3 Bewegen des Ruders

Entwicklung hinzufügen:

Konsolensteuerung: Ausführen von Konsolensteuerungen zum Bewegen des Ruders überall.

Aktualisieren der Position: Aktualisieren der Position des Ruders im Hinblick auf die Eingaben des Kunden.

11.4 Hinzufügen des Balls

Den Ball machen:

Den Ball zeichnen: Den Ball auf das Material zeichnen.

Beginn der Entwicklung: Dem Ball eine einführende Entwicklung hinzufügen.

11.5 Zusammenfassung

Zusammenfassung:

Zusammenfassung der zentralen Themen dieses Abschnitts, darunter das Einrichten des Pong-Spiels, das Zeichnen und Bewegen des Ruders und das Hinzufügen des Balls.

Auditfragen: Fragen zum Testen des Verständnisses der erfüllten Teile.

Was kommt als Nächstes: Ein Blick auf den nächsten Abschnitt, der zur weiteren Untersuchung und Anwendung von Python-Programmierkonzepten anregt.

Diese detaillierte Aufschlüsselung bietet eine praktische und übersichtliche Anleitung für den 11. Abschnitt und konzentriert sich auf die Erstellung des klassischen Arcade-Spiels Pong mit Tkinter in Python.

12. Spieleprogrammierung: Bob!
12.1 Einrichten
Prolog zu Bob!:

Definition: Erläuterung zu Bob!, einem einfachen Spiel, bei dem ein Ball über den Bildschirm hüpft.

Spielplanung:

Anordnen: Anordnen des Formats und der Komponenten des Skip!-Spiels.

Material: Vorbereiten des Materials zum Zeichnen der Spielkomponenten.

12.2 Den Ball ziehen
Den Ball machen:

Verwendung von Tkinter: Zeichnen des Balls mithilfe des Material-Gadgets von Tkinter.

Positionierung des Balls: Platzieren des Balls im Mittelpunkt des Materials.

12.3 Den Ball bewegen
Entwicklung hinzufügen:

Beginn der Entwicklung: Dem Ball eine einführende Entwicklung hinzufügen.

Von Wänden abprallen: Ausführen der Begründung, warum der Ball von den Wänden des Materials abprallt.

12.4 Abstürze

Unterscheidungsmerkmale:

Grenzerkennung: Überprüfen, ob der Ball in der Stadt des Materials für Aufruhr sorgt.

Zusammenstoß mit dem Ruder: Erkennen von Stößen zwischen Ball und Ruder.

12.5 Zusammenfassung

Gliederung: Zusammenfassung der zentralen Themen dieses Abschnitts, darunter das Einrichten des Bob!-Spiels, das Ziehen und Bewegen des Balls sowie der Umgang mit Stößen.

Auditfragen: Fragen zum Testen des Verständnisses des Teils.

Was kommt als Nächstes: Ein Blick auf den nächsten Abschnitt, der eine weitere Untersuchung und Anwendung von Python-Programmierkonzepten ermöglicht.

Diese Schritt-für-Schritt-Aufschlüsselung bietet eine praktische und übersichtliche Anleitung für den zwölften Teil, der sich auf die Erstellung des Spiels „Bob!" mit tkinter in Python konzentriert.

13. Spieleprogrammierung: Mr. Stick Man rast zum Ausgang

13.1 Einrichten

<u>Prolog zu „Mr. Stick Man rast zum Ausgang":</u>

Definition: Erläuterung der Spielidee, bei der eine Strichmännchen-Figur durch ein Labyrinth geht, um zum Ausgang zu gelangen.

Spielplanung:

Anordnen: Anordnen des Formats und der Komponenten des Spiels, einschließlich des Labyrinths und der Strichmännchen-Figur.

Material: Vorbereiten des Materials zum Zeichnen der Spielkomponenten.

13.2 Zeichnen des Labyrinths

Das Labyrinth bauen:

Verwendung von tkinter: Zeichnen des Labyrinths mithilfe des Material-Gadgets von tkinter.

Charakterisierung des Labyrinthdesigns: Erstellen der Konstruktion des Labyrinths mithilfe von Wänden, Wegen und dem Ausgang.

13.3 Erstellen des Strichmännchens

Zeichnen des Strichmännchens: Verwenden von tkinter: Zeichnen des Strichmännchen-Charakters mithilfe des Material-Gadgets von tkinter.

Energetisierende Entwicklung: Lebendigkeit umsetzen, um das Strichmännchen durch das Labyrinth reisen zu lassen.

13.4 Unfallidentifizierung

Unterscheidung von Abstürzen: Grenzwerterkennung: Überprüfung unter der Annahme, dass das Strichmännchen gegen die Wände des Labyrinths prallt.

Ankunft am Ausgang: Erkennen, wann das Strichmännchen am Ausgang ankommt.

13.5 Zusammenfassung

Zusammenfassung:

Zusammenfassung der zentralen Themen des Teils, einschließlich der Einrichtung des Spiels, dem Zeichnen des Labyrinths, der Erstellung der Strichmännchen-Figur und der Durchführung der Absturzidentifizierung.

Umfragefragen: Fragen zum Testen des Verständnisses des Abschnittsinhalts.

Was kommt als Nächstes: Ein Blick auf den nächsten Abschnitt, der eine weitere Untersuchung und Anwendung von Python-Programmierkonzepten fördert.

Diese detaillierte Aufschlüsselung bietet eine verständliche und strukturierte Anleitung für den dreizehnten Abschnitt, wobei der Schwerpunkt auf der Erstellung des Spiels „Mr. Stick Man Races for the Leave" mit tkinter in Python liegt.

14. Pygame nutzen
14.1 Prolog zu Pygame
<u>Was ist Pygame?</u>:

Definition: Erläuterung von Pygame, einer Reihe von Python-Modulen zum Erstellen von Computerspielen.

Highlights: Übersicht über die Elemente von Pygame für die Spielentwicklung, einschließlich Grafik, Sound und Datenverarbeitung.

14.2 Einführung in Pygame
Einführung in Pygame:

Verwendung von Pip: Richtlinien zur Einführung von Pygame unter Verwendung des Pip-Paketadministrators.

Testeinrichtung: So überprüfen Sie, ob Pygame korrekt eingeführt wurde.

14.3 Einstieg in Pygame
Erstellen eines Pygame-Fensters:

Einführung in Pygame: Pygame installieren und ein Fenster für das Spiel erstellen.

Anzeigeeinstellungen: Festlegen des Titels und der Größe des Spielfensters.

14.4 Formen und Bilder zeichnen

Formen zeichnen:

Zeichnen von quadratischen Formen: Verwenden Sie Pygame, um quadratische Formen im Spielfenster zu zeichnen.

Kreise zeichnen: Zeichnen von Kreisen unter Verwendung der Zeichenfunktionen von Pygame.

Bilder stapeln und anzeigen:

Bilder stapeln: Bilddokumente in Pygame stapeln.

Bilder anzeigen: Bilder im Spielfenster anzeigen.

14.5 Betreuung von Anlässen

Anlass Betreuung von:

Arten von Ereignissen: Erläuterung der verschiedenen Arten von Ereignissen in Pygame, wie Konsolen- und Mausereignisse.

Ereigniskreis: Ausführen eines Ereigniskreises zur Behandlung von Ereignissen im Spiel.

14.6 Audioeffekte hinzufügen

Audioeffekte abspielen:

Sounds stapeln: Tonaufzeichnungen in Pygame stapeln.

Sounds abspielen: Abspielen von Audioeffekten entsprechend den Spielereignissen.

14.7 Zusammenfassung

Zusammenfassung:

Zusammenfassung der im Abschnitt behandelten zentralen Themen, darunter die Einführung von Pygame, das Erstellen eines Pygame-Fensters, das Zeichnen von Formen und Bildern, das Verwalten von Ereignissen und das Hinzufügen von Audioeffekten.

Umfragefragen: Fragen zum Testen des Verständnisses des Teils.

Was kommt als Nächstes: Ein Blick auf den nächsten Abschnitt, der zur weiteren Untersuchung und Anwendung von Python-Programmierkonzepten anregt.

Diese detaillierte Aufschlüsselung bietet eine praktische und strukturierte Anleitung für den vierzehnten Abschnitt, wobei der Schwerpunkt auf der Verwendung von Pygame zur Entwicklung von Spielen in Python liegt.

15. Nächste Schritte

15.1 Untersuchen Ihrer Erkenntnisse

Zusammenfassung der wichtigsten Ideen:

Grundlagen: Überblick über die Grundlagen von Python, beispielsweise Faktoren, Datentypen und grundlegende Administratoren.

Steuerungsdesigns: Übersicht über Steuerungsflusskonzepte, einschließlich IF-Ausdrücken, Kreisen und Werken.

Informationsdesigns: Zusammenfassung von Datensätzen, Wortreferenzen, Tupeln und ihren Zwecken.

Module und Bibliotheken: Übersicht über die Verwendung der Python-Standardbibliothek und von Modulen von Drittanbietern wie Tkinter und Pygame.

GUI- und Spielentwicklung: Überblick über die GUI-Erstellung mit Tkinter und die Spielentwicklung mit Pygame.

15.2 Erweitern Sie Ihre Fähigkeiten

Python-Themen auf höherem Niveau:

Objektarrangierte Programmierung (OOP): Prolog zu OOP-Konzepten wie Klassen, Elementen, Vermächtnis und Polymorphismus.

Dokument-E/A: Durchlesen und Schreiben einer Petition zur Kapazität und Wiederherstellung von Informationen.

Fehlerbehebung: Verwenden Sie anstelle von Blöcken Versuche, um Fehler in Ihren Projekten reibungslos zu beheben.

Untersuchung von Bibliotheken und Strukturen:

Webentwicklung: Einführung in Webentwicklungssysteme wie Carafe und Django.

Informationswissenschaft und computergestützte Intelligenz: Übersicht über Bibliotheken zur Informationsanalyse (Pandas, NumPy) und KI (scikit-learn, TensorFlow).

Automatisierung: Nutzung von Bibliotheken wie Selenium für die Webautomatisierung und BeautifulSoup für das Web Scratching.

15.3 Größere Aufgaben strukturieren

Projektgedanken:

Spielentwicklung: Erstellen komplexerer Spiele mit innovativen Mechaniken und Elementen.

Hilfsprojekte: Erstellen hilfreicher Projekte wie Zahlenjongleure, Tagesordnungsdirektoren oder Finanzplan-Tracker.

Webanwendungen: Erstellen grundlegender Webanwendungen mit intelligenten Benutzeroberflächen.

Empfohlene Vorgehensweise:

Code-Assoziation: Organisieren Sie Ihren Code zur besseren Praktikabilität in Modulen und Paketen.

Anpassungskontrolle: Verwenden von Versionskontrollsystemen wie Git, um Änderungen zu verwalten und mit anderen zusammenzuarbeiten.

Testen: Erstellen Sie Unit-Tests, um sicherzustellen, dass Ihr Code genau und zuverlässig funktioniert.

15.4 Lernressourcen

Bücher und Online-Kurse:

Empfohlene Bücher: Liste von Büchern zum vertiefenden Lesen zu Python und Programmierung.

Online-Kurse und Lehrgänge: Empfohlene Schritte und Kurse zur Fortsetzung Ihrer Ausbildung.

Lokales Umfeld und Unterstützung:

Online-Community: Nehmen Sie an Foren, Diskussionsgruppen und Community-Treffen teil, um mit anderen Studenten und Entwicklern in Kontakt zu treten.

Open-Source-Engagement:

Beitragen zu Open-Source-Projekten, um nachhaltige Erfahrungen wiederherzustellen und die Community zu unterstützen.

15.5 Zusammenfassung

Zusammenfassung: Letzte Betrachtungen zum Ausflug zum

Erlernen von Python und Programmieren.

Unterstützung: Überzeugende Botschaft, weiterhin Projekte aufzunehmen, zu testen und aufzubauen.

Nächste Schritte: Funktionale Beratung zur Festlegung von Zielen, zur Planung zukünftiger Lernwege und zur Aufrechterhaltung der Motivation.

Diese detaillierte Aufschlüsselung bietet eine klare und strukturierte Anleitung für den fünfzehnten Abschnitt, wobei der Schwerpunkt auf der Überprüfung fundierter Konzepte, der Entwicklung von Programmierkenntnissen, der Entwicklung größerer Projekte, der Suche nach Lernressourcen und der Planung der nächsten Schritte beim Erlernen von Python liegt.

16. Fazit

16.1 Überlegen Sie sich Ihren Ausflug

<u>Was Sie erreicht haben:</u>

Grundlagen der Programmierung: Überlegungen zur Beherrschung der Grundlagen der Python-Programmierung.

Projektmerkmale: Zusammenfassung der verschiedenen Unternehmungen und Spiele im gesamten Buch.

Fähigkeiten zum kritischen Denken: Der Schwerpunkt liegt auf den entwickelten Fähigkeiten zum kritischen Denken und legitimen Argumentieren.

16.2 Die Bedeutung der Ausbildung

Nonstop-Lernen:

Sorgfältige Disziplin bringt vielversprechende Ergebnisse: Trost, weiter an der

Programmierung zu arbeiten, um Fähigkeiten weiterzuentwickeln.

Versuch und Irrtum: Ratschläge zum Ausprobieren verschiedener Dinge mit bahnbrechenden Ideen und Aktivitäten, um das Wissen zu erweitern.

Fehlerbehebung: Bedeutung der Untersuchung und des Lernens aus Fehlern, um sich als Softwareentwickler zu verbessern.

16.3 Weitere Untersuchungen

Themen auf höherem Niveau:

Daten entwickeln: Tipps zum weiteren Erforschen fortgeschrittener Python-Themen wie Datenmodelle, Algorithmen und internetbasierte Programmierung.

Spezifische Bereiche: Einführung in spezifische Bereiche wie Webentwicklung,

Datenwissenschaft, künstliche Intelligenz und Spieleentwicklung.
Lernressourcen:

Bücher und Kurse: Vorschläge für Bücher, Online-Kurse und Lehrübungen zum Lernen.
Dokumentation und Lehrübungen: Bedeutung der Lektüre offizieller Dokumentation und der Teilnahme an Lehrübungen für das Selbststudium.

16.4 Dem lokalen Bereich beitreten

Beitrag aus der Region:
Diskussionen und Versammlungen: Es ist möglich, an Online-Programmierversammlungen und Nachbarschaftstreffen teilzunehmen.
Open-Source-Aufgaben: Vorteile der Mitarbeit an Open-Source-Projekten hinsichtlich praktikabler

Erfahrung und Systemadministration.

Hackathons und Wettbewerbe: Nehmen Sie an Hackathons und Coding-Wettbewerben teil, um sich selbst herauszufordern und von anderen zu lernen.

16.5 Ziele definieren
Zielsetzung:

Vorübergehende Ziele: Festlegen erreichbarer vorübergehender Ziele, um die Motivation aufrechtzuerhalten und den Fortschritt zu verfolgen.
Langfristige Vision: Entwickeln Sie eine langfristige Vision für das, was Sie mit der Software erreichen möchten.

Berufung Erstaunliche offene Türen:

Programmierberufe: Überblick über mögliche Berufswege in den Bereichen Programmierung und Technologie.
Portfolio-Optimierung: Anleitung zum Erstellen einer Aufgabenliste, um potenziellen Arbeitgebern oder

Kunden Ihre Fähigkeiten zu demonstrieren.

16.6 Letzte Betrachtungen
Trost:

Bleiben Sie neugierig: Trost, um neugierig zu bleiben, weiter zu lernen und neue Premiumbereiche zu erkunden.
Beständigkeit: Betonung der Bedeutung von Durchhaltevermögen und Nichtaufgeben angesichts von Schwierigkeiten.
Abschließende Kommentare:

Glückwunsch: Herzlichen Glückwunsch zum Abschluss der Exkursion durch das Buch.
Nachfolgende Schritte: Abschließende Ratschläge, wie Sie in Ihrem Programmierprozess die nächsten Schritte unternehmen und sich als Softwareentwickler weiterentwickeln können.

Diese detaillierte Analyse bietet eine umfassende Anleitung für den sechzehnten und letzten Abschnitt und konzentriert sich dabei auf die Betrachtung des Lernprojekts, die Bedeutung der Weiterbildung, weiterführende Recherchen, den Anschluss an die Software-Community, die Festlegung von Zielen, Karrieremöglichkeiten und abschließende beruhigende Überlegungen.

www.ingramcontent.com/pod-product-compliance
Lightning Source LLC
Chambersburg PA
CBHW050234230526
45470CB00005B/1949